MILCH
MILCH

KLEINE/BLANK

Seltene Gemüse

Kleine / Blank

SELTENE GEMÜSE

BASTEI
LÜBBE

Lizenzausgabe: Gustav Lübbe Verlag GmbH,
Bergisch Gladbach
Printed in Western Germany 1977
Einbandgestaltung: Studio Schob
Titelfoto: Durand
Illustration: Roland Winkler
Gesamtherstellung: Ebner, Ulm
ISBN 3-404-00573-2

Der Preis dieses Bandes versteht sich einschließlich
der gesetzlichen Mehrwertsteuer.

Inhaltsverzeichnis

Die Zutaten der Rezepte sind für 4 Personen gedacht.

Köstlichkeiten aus fremden Gärten

Artischocken, Auberginen, Chicorée, Fenchel, Mais, Paprika und Zucchetti sind keine alltäglichen Gemüse. Man findet sie zu ihrer Jahreszeit häufig in guten Gemüsegeschäften, Feinkostläden und den Lebensmittelabteilungen der großen Kaufhäuser. Sie sollten keine Angst davor haben, einmal etwas Neues, eben diese Gemüse, auszuprobieren. Jedes dieser Gewächse verlangt zwar eine besondere Behandlung, die Sie jedoch gewiß rasch erlernen.

Artischocken

Artischocken

Artischocken nennt man die grünen, noch nicht völlig entwickelten Blütenköpfe der vor allem in Italien und Südfrankreich kultivierten distelartigen Artischockenpflanze. Artischockenböden gelten als besondere Delikatesse. Im Spätsommer bis weit in den Herbst hinein kommen Artischocken zu uns, die besten wohl aus der Provence. Beim Einkauf achten Sie bitte auf druckfeste Köpfe und Böden. Ob warm oder kalt serviert, die Vorbereitungen bleiben gleich. Falls die äußeren Blätter der Artischocke schon etwas trocken und hart geworden sind, entfernt man die äußere Blattreihe. Stachelige Blattspitzen zur Hälfte stutzen. Den Stiel abschneiden. Die Schnittflächen leicht mit Zitronensaft beträufeln, damit sie nicht braun anlaufen. Man kocht Artischocken in einem flachen Topf in wenig gesalzenem, mit etwas Zitronensaft angesäuertem Wasser weich, etwa eine halbe bis dreiviertel Stunde. Lassen sich die Randblätter leicht herausziehen, sind die Artischocken gar. Zum Abtropfen mit den Blättern nach unten auf ein Sieb legen.

Will man nur Artischockenböden bereiten, dann mit der Schere alle Blätter von den Artischocken sorgfältig abschneiden, so daß nur noch die Blütenböden übrigbleiben. Die Böden zuschneiden, bis sie gleichmäßig und glatt aussehen. Sofort mit Zitronensaft einreiben. Den fleischigen unteren Teil der dachziegelartig übereinanderliegenden Schuppen saugt man aus und ißt vor allem den fleischigen Blütenboden. Vor dem Anrichten das sogenannte »Heu«, die borstigen innersten Blättchen über dem Blütenboden, entfernen.

Gekochte Artischocken in pikanter Soße

8–10 Artischocken
SAUCE BÉARNAISE
2 Eigelb
1 Prise Salz
1 Teelöffel Stärkemehl
2 Eßlöffel Weißwein
1/8 l Brühe
60 g Butter
Zitronensaft
1 Eßlöffel Kräuter
SAUCE HOLLANDAISE
4 Eigelb
250 g flüssige Butter
Salz
Cayennepfeffer
Zitronensaft
BUTTERSOSSE
125 g Butter
Zitronensaft
Salz

Zur Sauce Béarnaise verrührt man das Eigelb mit einer Prise Salz. Dann das Stärkemehl, den Weißwein und die kalte oder lauwarme Brühe dazugeben. Die Sauce

bei milder Hitze dicklich schlagen. Abnehmen. Die Butter stückweise einrühren, mit Zitronensaft abschmecken und die feingehackten Kräuter hinzufügen.
Zur Sauce Hollandaise werden vier Eigelb im Wasserbad geschlagen, bis eine dicke Schaummasse entsteht. Tropfenweise die flüssige Butter darunterziehen und dabei ständig weiterschlagen. Die Sauce mit Salz, einem Hauch Cayennepfeffer und dem Saft einer viertel Zitrone abschmecken.
Zur Buttersoße würzt man die zerlassene heiße Butter mit Zitronensaft und Salz.
Für jede Person eine kleine Schale Sauce Béarnaise, Sauce Hollandaise oder Buttersoße auf den Tisch stellen. Die gekochten Artischocken auf einer heißen Platte servieren. Die Artischockenblätter einzeln auszupfen, in die Soße tauchen und den fleischigen Teil des Blattes mit den Zähnen ablösen. Als Krönung verzehrt man den köstlichsten Teil, den Boden.
Zur Beilage empfehlen sich roher oder gekochter Schinken sowie kalter Braten.

Gefüllte Artischocken mit Butterreis

8–10 Artischocken

400 g Gehacktes, halb Rind-, halb Schweinefleisch
2 Eier
1 altbackenes Brötchen
Salz
Pfeffer

$^{1}/_{8}$ *l Brühe*

Artischocken waschen, Stiele entfernen und Blätter stutzen. In kochendem Salzwasser etwa 30 Minuten garen. Das Gehackte mit den Eiern, dem eingeweichten und ausgedrückten Brötchen und den Gewürzen vermengen. Das strohige Innere der Artischocken entfernen, den nächsten Blattrand auseinanderdrücken und eine Kugel von etwa 50 Gramm der bereiteten Hackmasse hineinsetzen. Die gefüllten Artischocken in eine mit etwas Fleischbrühe gefüllte, flache Auflaufform setzen. Im heißen Backofen 30 Minuten dünsten. Als Beilage reicht man Butterreis, mit Salz und Muskat gewürzt.

Gebackene Artischockenböden

8–10 Artischockenböden
1 Zitrone
3 Zwiebeln
100 g Pilze
Salz
40 g Butter

3 Tomaten oder
2 Teelöffel Tomatenmark
etwas Weißwein

Petersilie

Gekochte Artischockenböden werden, mit Zitronensaft beträufelt, in eine flache, gefettete Auflaufform gelegt. Zwiebelscheiben in Öl dämpfen, geputzte Pilze fein schneiden und über die Artischockenböden geben. Salz überstreuen und Butterflöckchen darüber verteilen. Bei guter Mittelhitze in den Backofen geben. Nach zehn Minuten die zerschnittenen Tomaten oder das Tomatenmark mit wenig Weißwein verrühren, darüberfüllen und die Artischocken fertig backen. Die Soße nicht binden. Viel gehackte Petersilie über das Gericht streuen.
Als Vorspeise ißt man trockenes Weißbrot dazu. Mit Reis serviert ist es aber auch eine sättigende Mahlzeit.

Artischockenböden nach provençalischer Art

8–10 Artischockenböden
80 g Butter
2 Zwiebeln
250 g Tomaten
1 Glas Weißwein
Salz
Pfeffer
Thymian
Lorbeerblatt

Butter in einer Pfanne erhitzen und die gehackten Zwiebeln darin goldbraun werden lassen. Enthäutete, in Stücke geschnittene Tomaten zu den Zwiebeln geben, Weißwein darübergießen und würzen. 20 Minuten kochen lassen, Lorbeerblatt entfernen.
Die gegarten Artischockenböden in die Soße geben, kurz erhitzen.

Artischocken nach römischer Art

8 Artischocken
Salz
Pfeffer
Minze
1/8 l Olivenöl

Die Blattspitzen der Artischocken abschneiden, die äußeren harten Blätter und das strohige Innere entfernen. Hierauf drückt man die Artischocken von der Mitte aus auf und würzt mit Salz, Pfeffer und feingehackter Minze. Mit Olivenöl, etwas Wasser und Salz kochen. Auf der Platte richtet man sie mit abwärts gekehrten Böden an und übergießt sie mit dem Soßenrest.
Beim Essen die Blättchen mit den Fingern einzeln abziehen und den fleischigen unteren Teil absaugen. Den Boden mit Messer und Gabel zerteilen.

Gebackene Artischockenscheiben

8–10 Artischocken
Salz
Zitronensaft
Mehl
1–2 Eier
Paniermehl
Öl zum Backen
Zitronenecken

Die vorbereiteten Artischocken werden längs in fingerdicke Scheiben geschnitten und einzeln mit einer Serviette abgetupft. Leicht salzen, mit Zitronensaft beträufeln, in Mehl wenden, in aufgeschlagenem Ei wälzen und in Paniermehl festklopfen. In heißem Öl die Scheiben goldgelb backen und heiß mit Zitronenecken servieren.
Dazu ißt man Kartoffelsalat, der mit Mayonnaise zubereitet ist.

Artischockenböden St. Hubertus

8 weichgedämpfte Artischockenböden

Farce:
250 g Wildgeflügelreste
3–4 Wacholderbeeren
1 Eßlöffel Gänseleberpüree
1 Likörglas Madeira
1 Prise Cayennepfeffer
1 Eßlöffel Butter

Die angegebenen Zutaten zu einer Farce vermischen und fein durch die Maschine drehen. Etwas Butter in eine Pfanne geben, die Füllung unter Zugabe von wenig Wasser heiß machen, auf die Artischockenböden geben und diese für zehn Minuten in den warmen Ofen schieben.

Artischocken mit Kräuteressigsoße

8–10 Artischocken

1/4 l Kräuteressig
Saft von 2 Apfelsinen
Salz
Zucker
1 Teelöffel gehackte Petersilie
4 hartgekochte Eier
3 Eßlöffel feine Zwiebelwürfel

Die gekochten, erkalteten Artischocken gut abtropfen lassen und dann auf den Tisch bringen. Dazu reicht man eine Soße aus Essig, Apfelsinensaft, Salz, Zucker, gehackter Petersilie, feingehackten Eiern und Zwiebelwürfeln.
Als Beilage eignen sich kalter, gekochter, marinierter Fisch oder kalter Braten mit Weißbrot.

Kalte römische Artischocken

8 Artischocken
6–8 Eßlöffel Olivenöl
1 Zitrone
Salz
1–2 Knoblauchzehen
Pfeffer

Artischocken waschen, von den äußeren Blättern und den übrigen holzigen Teilen befreien. Der Länge nach in Scheiben schneiden. Je Artischocke erhält man etwa sechs Scheiben. In leicht gesalzenem Wasser garen, abgießen und mit einer sämigen, kalt geschlagenen Soße aus Olivenöl, Zitronensaft und Salz, die mit in dünne Scheibchen geschnittenem Knoblauch und Pfeffer abgeschmeckt wird, zu Tisch geben.

Artischockenböden mit Rahmkäsecreme

8 Artischockenböden
Salz
3 Karree Rahmkäse
etwas Zucker
2 Äpfel
Rosenpaprika

Gekochte kalte Artischockenböden auf eine Platte legen, wenig Salz darauf streuen und auf jeden Boden einen Eßlöffel Rahmkäsecreme geben. Die Rahmkäsekarrees vorher mit einer Gabel cremig drücken, die rohen, mit Schale geraspelten Äpfel und etwas Zucker untermengen. Mit wenig Rosenpaprika bestreuen.

Kalte Artischockenböden mit Tatar

8–10 Artischocken

500 g Rindgehacktes
3 Eier
Salz
Pfeffer
4 Eßlöffel feingehackte Zwiebeln
1 Eßlöffel Kapern
Sardellenpaste
Paprika

feingehackte Petersilie

Kräuteressig
Olivenöl

Von den lauwarmen, gekochten Artischocken die Blätter lösen bis der Boden freisteht. Aus dem Gehackten, den Eiern, Salz, Pfeffer, Zwiebeln, Kapern, Sardellenpaste und Paprika einen Fleischteig bereiten. Auf jeden Boden ein flaches Fleischbrötchen legen und mit feingehackter Petersilie bestreuen. Auf einer mit Kräuteressig und Olivenöl beträufelten Platte die belegten Artischockenböden anrichten.
Mit Landbrot und Butter essen.

Artischockenböden-Ei-Salat

1 Glas Artischockenböden (Inhalt 6–8 Herzen)
4 Eier
Petersilie
1/2 Zitrone
Pfeffer
Salz
etwas Olivenöl
1/4 Kastenweißbrot

Die Artischockenböden halbieren oder vierteln und mit den hartgekochten, gewürfelten Eiern mischen. Mit gehackter Petersilie, Zitronensaft, Salz, Pfeffer und Olivenöl anmachen. Waren die Artischocken in Olivenöl eingelegt, so kann man dieses Öl verwenden. Drei Zentimeter dicke Weißbrotscheiben auf einer Seite einen halben Zentimeter vom Rand ringsum schräg einschneiden und aushöhlen. Die Brotscheiben backt man schwimmend in Fett und füllt sie, wenn erkaltet, mit dem Salat.

Auberginen

Auberginen

Zu Beginn des 17. Jahrhunderts kamen sie aus dem Orient nach Südeuropa. Sie sind als Nachtschattengewächs mit der Tomate und der Kartoffel verwandt, haben aber nicht ihre Urheimat in Südamerika. Man nennt sie auch Eierfrucht, obwohl die dunkelvioletten länglichen Früchte kaum Eiern gleichen. Die Franzosen tauften sie Aubergine, wohl als Anklang an die Auberge, die Herberge. Ihr italienischer und spanischer Name Melanzana erinnert an die arabische Beherrschung großer Teile Spaniens und Unteritaliens.
Achten Sie beim Einkauf darauf, daß die Haut der Früchte glatt und glänzend, keinesfalls runzelig ist. Sie sollen sich fest anfühlen.
Junge Auberginen schälen, indem man sie kurz in kochendes Wasser taucht. Ältere mit einem rostfreien Messer abziehen. Beide Enden abschneiden. Der Länge nach halbieren oder in etwa ein Zentimeter dicke Scheiben schneiden. Leicht gesalzen und mit Zitronensaft beträufelt läßt man sie etwa eine halbe Stunde liegen. Den austretenden bitteren Saft abgießen.
Am besten schmecken Auberginen gebraten. Dazu nimmt man fast immer Öl. Weil sie nur wenig Eigengeschmack besitzen, muß man sie kräftig würzen oder besonders pikant füllen.
Für vier Personen rechnet man etwa 800 Gramm Auberginen, das entspricht drei bis vier mittleren Früchten.

Auberginenküchlein

3–4 Auberginen
Salz

200 g Mehl
1/4 l Wasser
2 Eier
2 Eßlöffel Öl
3 Eßlöffel Kirschwasser
Salz

Öl zum Backen

Die Auberginen schälen, in ein Zentimeter dicke Scheiben schneiden und salzen. Stehen lassen und Flüssigkeit abgießen. Aus Mehl, Ei, Öl, Wasser und Kirschwasser sowie Salz einen Ausbackteig herstellen. Wenn er zu fest ist, etwas Wasser nachgeben. Die Auberginenscheiben im Ausbackteig wenden und in heißem Öl hellbraun backen.
Heiß mit Salat, Früchten oder Tomaten servieren.

Zu den Abbildungen: 1. Gefüllte Zucchini (Rezept S. 138 u. andere Vorschläge)
2. Maissalat (Rezept S. 96)

Auberginenragout

800 g Auberginen
1 Zwiebel
1–2 Eßlöffel Mehl
1 Joghurt
gehackte Petersilie
Salz

Zitronensaft

Die Auberginen schälen, halbieren und in Würfel schneiden. Zwiebel in Öl dämpfen, Auberginen und etwas Mehl zugeben. Joghurt, Petersilie und Salz beifügen und 20 Minuten schmoren lassen. Vor dem Servieren mit Zitronensaft und nochmals mit Salz abschmecken.

Zu den Abbildungen: 3. Gekochte Artischocken (S. 16) und Maiskolben (S. 88) mit pikanten Saucen
4. Chicorée mit Hühnerleber (Seite 61)

Auberginencreme

3 Auberginen
6 Eßlöffel Mehl
4 Eßlöffel Butter
1 Eßlöffel Zitronensaft
einige Eßlöffel heiße Milch
geriebener Käse
Salz
Pfeffer

Die ganzen ungeschälten Auberginen werden über kleiner Flamme, am schönsten natürlich über Holzkohlenglut, geröstet. Man hält sie auf einen Spieß oder eine Gabel gesteckt und dreht ständig, bis die schwarze Schale der Frucht aufbricht und das Fleisch ganz weich ist. Die Schale abziehen. Das Fruchtfleisch in einen Schmortopf geben, wo es mit Zitronensaft und etwas Fett unter ständigem Rühren völlig weich schmoren soll. Inzwischen die Butter schmelzen und das Mehl darin bräunen. Nun unter das Fruchtfleisch schlagen. Einige Eßlöffel heiße Milch darunterrühren und mit dem Schneebesen schlagen, bis alles zu einer sämigen Creme geworden ist. Zum Schluß rührt man noch einige Löffel geriebenen Käse hinein und läßt erneut aufkochen. Abschmecken. Gut zu gedünstetem Fisch. Wer den Rauchgeschmack nicht mag, der durch das Rösten der Auberginen entsteht, kann auch die Auberginen an verschiedenen Stellen mit einer Gabel einstechen, in den Backofen legen und dort, wie Bratäpfel, weich schmoren.

Auberginen-Tomaten-Gericht

4 Auberginen
3 Eßlöffel Öl
2 Knoblauchzehen
Salz
Pfeffer
100 g kleingeschnittene Tomaten

Auberginen vom Stiel befreien, gut waschen, in vier Teile schneiden. Den kernigen Innenteil ein wenig entfernen und die Früchte in kleine Würfel schneiden. Knoblauchzehen unzerkleinert in Öl leicht anbräunen. Auberginen hinzugeben, mit Salz und Pfeffer würzen. Leicht kochen lassen. Nach knapp zehn Minuten Kochzeit die abgezogenen kleingeschnittenen Tomaten zufügen. Während des Kochens öfter umrühren. Das Gericht kann warm oder kalt serviert werden.

Gemüseeintopf mit Auberginen

3 Paprikaschoten
3 Tomaten
4 Auberginen
2 Zwiebeln
2 Knoblauchzehen
1 scharfe rote Pfefferschote
4–5 Eßlöffel Öl
1 Eßlöffel körnige Würze
gehackte Petersilie

Paprikaschoten und Pfefferschote halbieren. Aus beiden die Samen und die Rippen entfernen und die Schoten in Streifen schneiden. Zwiebeln und Tomaten in Scheiben schneiden. Auberginen längs halbieren, vorsichtig das Fruchtfleisch herausnehmen und in Scheiben schneiden. Öl im Topf erhitzen. Alle Gemüse hineingeben, Würze aufstreuen und ohne Wasser, zugedeckt, acht bis zehn Minuten schmoren. Topf mehrmals hochnehmen und durchschütteln.
Dazu Fleischklößchen und Reis.

Serbisches Paz Türlüsü

2 Auberginen
250 g grüne Bohnen
2 kleine Gurken (Zucchetti)
2 Tomaten
1 Paprikaschote
500 g Hammelfleisch
Fleischbrühe
100 g Fett
Pfeffer
Salz

Auberginen, Gurken und Tomaten schälen, entkernen und schnitzeln, ebenso die Bohnen. Zuerst die Auberginen leicht anbraten, dann die übrigen Gemüse beifügen und alles sanft schmoren. Fleisch in Würfel schneiden und 20 Minuten zugedeckt in Fett dünsten, zu den Gemüsen geben, würzen, mit Fleischbrühe aufgießen und das Gericht – zugedeckt – leise fertig schmoren.

Italienischer Auberginenauflauf

4–6 Auberginen
6 Tomaten
1 kleine Paprikaschote
Salz
100 g Reibkäse
60 g Butter

Die Auberginen waschen, schälen und in Scheiben schneiden. Mit kochendem Wasser überbrühen. In eine gebutterte Auflaufform gibt man eine Lage der abgetropften Auberginenscheiben, eine Lage Tomatenscheiben, streut Salz und sehr fein geschnittene Paprikastreifen darüber. Die Schichtung noch einmal wiederholen, geriebenen Käse überstreuen und Butterflöckchen aufsetzen. Bei starker Hitze im Backofen überbacken.

Gefüllte Auberginen

3–4 Auberginen
125 g Rindergehacktes
125 g Schweinegehacktes
1 Ei
Salz
Pfeffer
Paprika

100 g fetten Speck
1 Zitrone
Tomaten
Petersilie

Die Auberginen halbieren und vorsichtig mit einem Eßlöffel aushöhlen. Das ausgehöhlte Innere kleinschneiden und – zusammen mit der pikant abgeschmeckten Hackfleischfüllung – in die Früchte einfüllen. Man schmort die Auberginen in wenig Fett bei geschlossenem Deckel gar und verziert sie mit schmalen Speckscheiben, Zitronen- und Tomaten-Achteln und bestreut mit feingehackter Petersilie.

Ratatouille

2 Auberginen
2 große Paprikaschoten
500 g Tomaten
2 große Zwiebeln
1 Knoblauchzehe
2 Eßlöffel Olivenöl oder kleingeschnittener Räucherspeck
1 Zweiglein Thymian oder Basilikum
Salz
Pfeffer

Die Paprikaschoten halbieren, entkernen und in grobe Streifen schneiden, die ungeschälten Auberginen und die Zwiebeln in Scheiben schneiden und die Tomaten, nach Belieben geschält, in Viertel teilen. Die Knoblauchzehe fein hacken. Das Fett in einer Kasserolle erwärmen, Zwiebeln und Knoblauch darin weich dämpfen. Die Paprikastreifen, dann die Auberginen und zuletzt die Tomaten daraufgeben und alles zugedeckt im Ofen oder auf dem Herd sanft schmoren. Wenn sich Saft gebildet hat, salzen, pfeffern und offen gar dünsten. Die Gewürzkräuter werden entweder im ganzen oder feingehackt mitgekocht. Dazu frisches Weißbrot und ein Glas Rotwein.

Auberginenauflauf

4 Auberginen
1 Tasse Öl
3 feingeschnittene Zwiebeln
2 feingeschnittene Tomaten
1 geriebene Knoblauchzehe
Salz
Pfeffer
1 Teelöffel Zucker
Saft einer halben Zitrone
ein paar Tomatenscheiben

Die grünen Enden der Auberginen abschneiden. Die Früchte schälen, längs halbieren und salzen. Eine Stunde stehenlassen, den sich bildenden Saft abgießen. Dann abtrocknen und auf allen Seiten in Olivenöl anschmoren. Zwiebeln in Öl glasig dünsten, Tomaten und Knoblauch dazugeben und gut durchbraten. Mit dieser Masse die Auberginen belegen. Die gefüllten Früchte in eine gefettete flache Auflaufform legen, mit Tomatenscheiben bedecken. Den Zitronensaft mit der gleichen Menge Wasser verdünnen, süßen und über die Auberginen gießen. Backen und heiß auftragen.

Französischer Gemüseauflauf

3–4 Auberginen
1 grüne Gurke
6 Tomaten
4 Eßlöffel Olivenöl
1 Zwiebel
Salz
Pfeffer
1 Zehe Knoblauch
1 Lorbeerblatt
Petersilie

Parmesankäse

Die Auberginen schälen, kleinschneiden und mit kochendem Wasser überbrühen. Tomaten abziehen und zerschneiden, die Gurke schälen und würfeln. Die feingeschnittene Zwiebel in Öl bräunen, Knoblauch hinzufügen. Die kleingehackte Petersilie, das Lorbeerblatt und anschließend das Gemüse hineingeben. Mit Salz und Pfeffer würzen. Bei milder Wärme kochen, bis Auberginen, Gurken und Tomaten halb gar sind. Dann füllt man die Masse in eine Auflaufform, bestreut mit Käse und läßt im Backofen goldbraun backen.
Diese Gemüsekombination kann man mit einer geschnittenen Paprikaschote ergänzen.

Türkisches Auberginengericht

2 gehackte Zwiebeln
4 Eßlöffel Butter
250 g gehacktes Lamm- oder Rindfleisch
2 Tomaten
1 Paprika
1/2 Tasse gehackte Petersilie
6 Auberginen
2 Eßlöffel Butter
1 Tasse Fleischbrühe
1 Teelöffel Salz
1/2 Teelöffel schwarzer Pfeffer

Zwiebelstücke in zwei Eßlöffel Butter goldgelb dünsten. Fleisch zugeben und unter ständigem Rühren zehn Minuten schmoren. Geschälte und in kleine Stücke geschnittene Tomaten, die ebenfalls kleingeschnittene entkernte Paprikaschote zugeben. Salzen und schmoren, bis Tomaten und Paprika gar sind. Den schwarzen Pfeffer hineinrühren, den Topf von der Kochstelle nehmen und die gehackte Petersilie über das Gericht streuen. Von den Auberginen der Länge nach je einen Streifen von anderthalb bis zwei Zentimeter Breite abschälen, einen ebenso breiten Streifen Schale stehenlassen. Am geschälten Teil nun auf der Seite einmal kreuzweise einschneiden. Die Auberginen in eine Schüssel legen, mit Salz bestreuen und knapp mit Wasser bedecken. Eine halbe Stunde stehenlassen. Dann das Wasser abgießen, die Früchte auf einem Sieb abtropfen lassen und in der Pfanne mit zwei Eßlöffeln Butter von beiden Seiten anschmoren. Vorsichtig aus der Pfanne in eine Auflaufform legen, die aufgeschnittene Seite nach oben. Mit einem Messer den Einschnitt weiter öffnen und die Auberginen mit der Mischung aus Fleisch, Tomaten- und Paprikastückchen füllen. Als Deckel eine große Tomatenscheibe auflegen und etwas Butter daraufgeben. Mit Fleischbrühe übergießen und eine halbe Stunde bei mittlerer Hitze backen lassen.

Marinierte Auberginen

4–6 Auberginen
Öl
gehackte Petersilie
1 Knoblauchzehe
Essig

Die Auberginen schälen, in halbzentimeterdicke Scheiben schneiden und in Öl schwimmend backen. Die fertigen Scheiben in eine Schüssel schichten, auf jede Lage gehackte Petersilie und Knoblauch sowie etwas Essig geben.
Dieses Gericht kann am Vortag zubereitet werden, um es kalt servieren zu können.

Auberginensoufflé

4 Auberginen
3 Eier
Salz
Pfeffer / Muskat

Die vorbereiteten Auberginen halbieren, die Hälften aushöhlen. Dieses Fruchtfleisch mit Eigelb, Salz, Pfeffer und Muskat vermischen. Das geschlagene Eiweiß unterziehen. Diese Masse in die Schiffchen füllen. Im Backofen acht bis zehn Minuten bei mittlerer Hitze backen.

Sizilianische Auberginen

4–6 Auberginen
Öl zum Backen

6–8 Eßlöffel Öl
2–3 Eßlöffel Weinessig
Zucker
1 kleine Dose Tomatenmark
4–6 Oliven
4 Sardellen
1 Röhrchen Kapern

Die geschälten Auberginen in Würfel schneiden, abtrocknen, in Öl goldbraun backen. Auf einem Saugpapier erkalten lassen. Aus Öl, Essig, etwas Zucker, reichlich Tomatenmark, gehackten Oliven, Sardellen und Kapern eine pikante Soße bereiten.
Auberginen und Soße kalt zum Braten servieren.

Auberginen nach Parma-Art

4 Auberginen
1/8 l Öl
1 Zwiebel
500 g Tomaten
250 g gewürztes Hackfleisch
150 g geriebener Parmesankäse
2 Eier
Salz / Pfeffer

Die Auberginen waschen, schälen und der Länge nach in Scheiben schneiden. Mit Salz überstreuen, auf ein Sieb geben, beschweren und ungefähr eine halbe Stunde ziehen lassen, damit sie den etwas herben Geschmack verlieren. Waschen und nebeneinander auf ein Tuch legen, gut abtrocknen.
Die kleingeschnittene Zwiebel in wenig Öl bräunen, die abgehäuteten, durchpassierten Tomaten oder aber Tomatenmark hinzufügen und zehn Minuten kochen lassen. Auberginen in heißem Öl schwimmend goldgelb backen und abtropfen lassen.
In eine feuerfeste Form schichtweise Tomatensoße, Auberginen, Tomatensoße, Hackfleisch und Parmesankäse einfüllen. Obenauf nochmals mit Auberginen abdecken. Dann die Eier mit drei Eßlöffeln Parmesankäse verquirlen und über die letzte Auberginenschicht geben. Im Backofen bei mittlerer Hitze 20 bis 30 Minuten backen, bis der Auflauf eine schöne, goldbraune Farbe hat.

Chicorée

Chicorée

Dieses Gemüse gewann während der letzten Jahre in unserem Land viele neue Freunde. Im Winter, wenn andere frische Gemüse selten werden, bietet Chicorée eine willkommene, wohlschmeckende Abwechslung. Er läßt sich schnell zubereiten, bringt wenig Abfall – und es gibt delikate Rezepte. Beim Kochen bleibt Chicorée geruchlos. Beim Essen braucht man das Dickwerden nicht zu fürchten, denn Chicorée ist ungewöhnlich arm an Kalorien.
Beim Einkauf nur weiße und feste Stangen nehmen. Sie dürfen im Kühlschrank nicht zu kühl liegen. Am besten ruhen sie im Gemüsefach, dort halten sie es sogar länger als eine Woche aus.
Chicorée, man nennt sie auch Brüsseler Zichorie, sind die blassen, besonders wohlschmeckenden Sprossen der Zichorienwurzeln, aus denen man Kaffee-Ersatz und Kaffeezusatz herstellt. Die Wurzeln, im Oktober in neue Beete gepflanzt, bilden Sprossen von 15 Zentimetern Höhe, die man mit Erde bedeckt.
Vor dem Zubereiten die Chicoréestangen kurz mit kaltem Wasser waschen und abtropfen lassen. So bleiben die Blätter knackig frisch. Mit einem scharfen, spitzen Messer vom Boden der Stange eine dünne Scheibe abschneiden und mit der Messerspitze einen tiefen Keil, der bitter ist, herausholen. Die Schnittfläche mit Zitronensaft beträufeln, die Stauden eine Viertelstunde ruhen lassen.

Chicorée naturel

750 g Chicorée
1/4 l Salzwasser
2–3 Eßlöffel Zitronensaft

2 Eßlöffel Semmelbrösel
40 g Butter

Die äußeren welken Blätter der Chicoréestangen entfernen, am unteren Ende den bitteren Keil herausschneiden und das Gemüse waschen. Die Chicorée in kochendes Salzwasser geben. Etwas Zitronensaft zufügen, damit sich das Gemüse nicht verfärbt. Nach etwa 20 Minuten Kochzeit die Chicorée abgetropft auf eine vorgewärmte Platte legen. Die Semmelbrösel in der Butter goldgelb rösten und über das Gemüse geben.

Geschmorte Chicorée

8 Chicorée
60 g Butter
Pfeffer
Salz

Ganze Chicorée waschen, abtropfen lassen und Keil entfernen. Butter in der Pfanne schmelzen lassen, Chicorée hineinlegen und noch etwas Wasser hinzugeben. Pfeffer und Salz nicht vergessen. Gar und heiß kommen die Chicorée auf eine Platte.
Dazu schmecken dicke Scheiben von rohem oder gekochtem Schinken ebenso wie gebratenes Fleisch.

Chicoréegemüse in Soße

1 000 g Chicorée
Salzwasser
Zitronensaft

40 g Butter
40 g Mehl
1/4 l Gemüsebrühe
1/8 l Sahne
1 Eigelb
Salz
Muskat

Petersilie

Den geputzten und gewaschenen Chicorée in Salzwasser, dem etwas Zitronensaft beigefügt wurde, etwa 20 Minuten kochen. Zur Soße aus Butter, Mehl und Gemüsebrühe eine helle Mehlschwitze bereiten. Sahne dazugeben und zehn Minuten kochen lassen. Mit Eigelb legieren. Mit Salz und Muskat abschmecken. Die Soße über die abgetropften Chicorée gießen und mit feingehackter Petersilie bestreuen.

Gedünstete Chicorée auf Speck

600 g Chicorée
4–6 dünne Räucherspeckscheiben
$^{1}/_{4}$ *l Brühe*
1 Teelöffel Stärkemehl
$^{1}/_{8}$ *l saure Sahne*

Chicorée putzen, am unteren Ende den bitteren Keil sorgfältig herausschneiden. Eine feuerfeste Form mit den Speckscheiben auslegen, glasig dünsten, Chicorée darauflegen, mit der Brühe übergießen und zugedeckt garen. Stärkemehl in der Sahne verrühren, den Fond damit binden. Mit körnigem Reis servieren.

Überbackene Chicorée

4 nicht zu dünn geschnittene Scheiben gekochter Schinken
4 große Chicorée
4 Scheiben Käse

Chicorée unten abschneiden und aushöhlen. 15 Minuten wässern. Dann in siedendes, leicht gesalzenes Wasser legen und kochen lassen. Jede Chicoréestange in eine Schinkenscheibe einhüllen. Darüber die Käsescheibe legen und nebeneinander in eine gebutterte, feuerfeste Form geben. Unter dem Grill oder im stark vorgeheizten Backofen nur einige Minuten überbräunen. Mit Toastbrot, Butter und Salat essen.

Chicorée mit Hühnerleber

6 Chicorée
1/2 Tasse Butter

500 g Hühnerleber, geschnitten
1 Tasse Pilze in Scheiben
1/2 Tasse trockener Sherry
1/2 Tasse Sahne
Salz

Chicorée in Butter dünsten, aus der Pfanne nehmen und warm stellen. Hühnerleber und Pilze zehn Minuten in der Pfanne dünsten. Sherry, Sahne und Salz zufügen. Unter ständigem Rühren erhitzen. Chicorée in die Soße geben.

Chicorée mit Tomatensoße

4–6 Chicorée

1 Zwiebel
3 Eßlöffel Butter
1 kleine Dose Tomatenmark
Dosenmilch nach Bedarf
Salz
Zucker
Zitronensaft

Die vorbereiteten Chicorée in Salzwasser garen. Inzwischen die sehr fein geschnittene Zwiebel in heißer Butter brutzeln lassen, nicht bräunen. Tomatenmark unter Rühren dazugeben, einige Zeit sanft kochen lassen. Nun unter weiterem Schlagen so viel Dosenmilch zugeben, bis eine cremige Soße entstanden ist. Mit Salz, einer Prise Zucker und – wenn gewünscht – mit wenig Zitronensaft abschmecken. Diese Tomatensoße über den gekochten Chicorée in eine Auflaufform füllen. Bei starker Hitze überbacken.

Filetsteak-Chicorée

4 gebratene Filetsteaks
4 kräftige Chicorée-Stangen
4 Scheiben Käse

Die Chicoréestangen in Salzwasser dünsten und je eine Stange auf ein heißes Filetstück legen. Die Chicorée mit einer dicken Scheibe Käse belegen und das Ganze noch einmal übergrillen.
Salzkartoffeln und gegrillte Tomaten dazu ergeben ein komplettes pikantes Gericht.

Chicorée mit Marinade

4–6 Chicorée
Essig
Öl
Salz
Pfeffer
1 Zwiebel
Tomaten-Chutney
1 Ei

Die heißen gegarten Chicorée werden mit einer Marinade aus Essig, Öl, Salz, Pfeffer, geriebener Zwiebel und wenig Tomaten-Chutney begossen. Eigelb und Eiweiß eines hartgekochten Eies trennen, fein wiegen und über die marinierten Chicorée streuen. Dazu gebratene Kartoffeln.

Chicorée auf Kasseler

1 große Dose Ravioli
4–8 Chicorée
4 Schnitten Kasseler Rippenspeer, gegart
Reibkäse

Die Scheiben Kasseler Rippenspeer in eine gefettete Auflaufform legen, die überbrühten Chicorée daraufgeben, rundherum mit Ravioli belegen. Die Dose vorher im Wasserbad erwärmen. Zum Schluß gießt man die Tomatensoße aus der Dose darüber, bestreut alles dick mit Reibkäse und überbackt.

Chicorée im Schinkenmantel

8 Chicorée
4 Scheiben gekochter Schinken
2 Eßlöffel Parmesankäse
Butter zum Backen

Mehl
Sahne
1 Ei
Salz

Die Chicorée am Wurzelende etwas ausbohren und einige Zeit in Wasser stellen, damit die Bitterstoffe ausziehen. Dann die welken Blätter abtrennen und die Stauden in wenig Salzwasser etwa 20 Minuten dämpfen. Je zwei gut abgetropfte Stauden in eine Schinkenscheibe wickeln, in eine feuerfeste, gefettete Form legen, reichlich mit Käse bestreuen und im Herd überbacken.
Die vom Dämpfen übriggebliebene Brühe mit Mehl, Sahne und Ei zur Soße aufkochen und getrennt servieren oder vor dem Backen und Überstreuen mit Käse über die Chicorée-Schinkenrollen gießen.

Chicoréesalat mit Joghurt

4 Chicorée

1 Glas Joghurt
2 Eßlöffel Öl
1 Eßlöffel Zitronensaft
Salz
Zucker
Senf

Den vorbereiteten gewaschenen Chicorée in feine Ringe schneiden. Joghurt, Öl, Zitronensaft, Salz und Zucker glatt schlagen und etwas Senf dazugeben. Die Salatsoße über die Chicoréeringe gießen. Durchziehen lassen und nochmals abschmecken.

Chicorée-Schinken-Salat

3 Chicorée
2 Äpfel
100 g roher Schinken

4 Eßlöffel Sahne
2–3 Eßlöffel Öl
1 Eßlöffel Essig
Senf
Salz
Pfeffer
Zucker

Zu der Sahne rührt man unter ständigem Schlagen Öl, Essig, Senf und schmeckt mit Salz, Pfeffer und einer Prise Zucker ab. Chicorée putzen, den bitteren Keil entfernen, waschen und in Ringe schneiden. Äpfel grob raspeln und Schinken in feine Streifen schneiden. Alles gut mit der Salatsoße mischen und abschmecken.

Chicorée-Rohkost

2 Chicorée
2 Äpfel
2 Apfelsinen
1 Zitrone
2 Eßlöffel zarte Haferflocken
70 g gekochter Schinken
1/8 l geschlagene Sahne
2 Teelöffel Zucker
50 g geriebene Haselnüsse

Chicorée säubern, den bitteren Keil entfernen und die Stangen in dünne Scheiben schneiden. Äpfel und Apfelsinen schälen und fein schneiden. Mit zwei Eßlöffeln Zitronensaft gut durchmischen. Haferflocken, in kurze Streifen geschnittenen Schinken, Sahne, Zucker und Haselnüsse mit den anderen Zutaten mischen. Als Beilage in Tomaten gefüllt zu Roastbeef, Filet, Pute, Hähnchen oder als Appetithappen in Schinkentütchen oder Roastbeefröllchen.

Chicoréesalat mit Apfelsinen

250 g Chicorée
2 Apfelsinen

125 g Mayonnaise
etwas Milch
Salz
Zucker

Aus dem geputzten Chicorée das bittere untere Stück herausschneiden, die Stangen waschen und fein aufschneiden. Apfelsinen schälen und in Spalten zerlegen. Die Spalten in kleine Scheibchen schneiden. Die Mayonnaise mit etwas Milch verrühren, mit Salz und Zucker abschmecken. Alles kühl stellen und kurz vor dem Anrichten mischen.

Rosendaal-Salat

250 g Gouda- oder Edamerkäse
2 Apfelsinen
2 Äpfel
2 Chicorée

1/2 Flasche Joghurt
3 Teelöffel Honig
2 Eßlöffel Zitronensaft
1 Teelöffel Senf

Unter die Soße aus Joghurt, Honig, Zitronensaft und Senf, die man mit etwas abgeriebener (nicht gespritzter) Apfelsinenschale verfeinern kann, gibt man die anderen geputzten oder geschälten und in kleine Würfel geschnittenen Zutaten.

Chicorée weiß und rot

375 g Chicorée
1 Tasse gekochte rote Rüben
1/2 Tasse Walnußkerne

1 gewiegte Zwiebel
3 Eßlöffel gewiegte Kräuter
1 Prise Salz
Pfeffer
3 Eßlöffel Weinessig
6 Eßlöffel Olivenöl

Die Chicorée waschen, den bitteren unteren Innenteil mit einem scharfen Messer entfernen und die Chicorée in Streifen schneiden. Die roten Rüben fein würfeln, die Walnußkerne halbieren.
Für Sauce Vinaigrette die Kräuter und Gewürze mit dem Essig und Olivenöl gut mischen. Die Salatzutaten hineingeben und unterheben. Längere Zeit in den Kühlschrank stellen. Vor dem Auftragen noch einmal gut durchmischen.

Fenchel

Fenchel

Seit Jahrhunderten gilt Fenchel als angebaute Heil- und Gewürzpflanze. Das ätherische Öl nimmt man nicht nur für Liköre, sondern auch als Ausgangsstoff für erprobte Arzneimittel. Fenchelhonig nutzt gegen Husten und Heiserkeit. Die Fruchtsamen des Fenchels kennt man als sparsam zu verwendendes Küchengewürz. Tee aus diesen Samen gilt als Volksmittel gegen Magenverstimmung.
Gemüsefenchel, vorwiegend aus Italien kommend, sind weiße, feste Knollen: ein besonderes Zuchtergebnis. Bei allen Rezepten schneidet man die Stengel, die grünen Reste und die untere dunkle Scheibe, an der die Wurzeln beginnen, ab. Die nicht einwandfreien äußeren Blätter der Knolle ebenfalls abnehmen. Einige abgeschnittene grüne Blattkräutchen kann man waschen und, fein gehackt, wie Petersilie über die fertigen Gerichte streuen. Das verfeinert nicht nur den Geschmack, sondern gibt dem Fenchel auch eine Anreicherung an Vitaminen.
Gemüsefenchel ist leicht verdaulich, sehr vitaminreich und regt die Darmtätigkeit an. Zwar mundet der anisartige Wohlgeschmack nicht jedem. Als Rohkost ist er würzig und erfrischend. Er kommt bei uns vor allem im Frühjahr in die Geschäfte.

Fenchelgemüse

4 große oder 8 kleine Fenchelknollen
1/4–1/2 l Salzwasser

40 g Butter
2 Eßlöffel Semmelbrösel

Die Fenchelknollen gründlich waschen, von holzigen und welken Stellen befreien. Das Gemüse in Salzwasser gar kochen. Den Fenchel herausnehmen, abtropfen lassen und auf eine vorgewärmte Platte legen. Die Butter erhitzen, die Brösel darin rösten und auf das Gemüse geben. Die gekochten Fenchelknollen können auch auf einer gefetteten feuerfesten Platte – mit Butter belegt und mit geriebenem Käse bestreut – überbacken werden.

Fenchel in Rahmsoße

5 Fenchelknollen
2–3 Zwiebeln
50 g Fett
knapp $^{1}/_{4}$ l Gemüsebrühe
Salz
Petersilie
$^{1}/_{8}$ l Sahne

Fenchel von den harten äußeren Teilen befreien und, ebenso wie die Zwiebeln, in feine Scheiben schneiden und in dem erhitzten Fett dünsten. Gemüsebouillon beifügen und etwa 30 Minuten weich dämpfen. Mit Salz abschmecken, Sahne unterrühren und gehackte Petersilie überstreuen.

Fenchel in weißer Soße

4–6 Fenchelknollen

3 Eßlöffel Butter
6 Eßlöffel Mehl
$^{1}/_{4}$ l Gemüsewasser
$^{1}/_{4}$ l Fleischbrühe
Muskat
Zitronensaft
1 Eßlöffel Sahne

Fenchelknollen vorbereiten und in Scheiben schneiden. Die Scheiben in kochendes Salzwasser geben, so daß sie eben bedeckt sind. Nach etwa 15 Minuten sind sie weich. Aus dem Wasser nehmen, etwas abtropfen lassen und heiß stellen. Butter zerlassen, Mehl hinzugeben und mit dem Schneebesen verrühren. Mit dem Gemüsewasser und der Fleischbrühe auffüllen und dick rühren. Mit Muskat, Zitronensaft und Sahne abschmecken. Nicht mehr kochen lassen und eventuell einen kleinen Schluck Weißwein hinzugeben. Diese Soße dann über den heiß gestellten Fenchel geben.

Fenchel römische Art

1 000 g Fenchel
50 g Parmesankäse
20 g Mehl
2 Eier
1 Prise Salz

Öl zum Backen

Fenchel gut vorbereiten, harte Außenblätter und Strunk entfernen. Die Knollen in Scheiben schneiden und in zwei Liter gesalzenem Wasser nur halb weich kochen. Abgießen und abkühlen lassen. Mit geriebenem Parmesankäse bestreuen und die Scheiben in Mehl wälzen, in ein geschlagenes Ei tauchen und in einer Eisenpfanne mit stark erhitztem Öl backen. Heiß servieren.

Fenchelauflauf

6 kleine Fenchelknollen
1 Eßlöffel Butter
Salz
80 g Schinkenspeck
40 g Butter

zur Soße:
½ l Gemüsebrühe
1 Teelöffel Stärkemehl
Paprika
Salz
Ingwerpulver
3 Eßlöffel Sahne

Die Knollen vorbereiten, waschen, das feine Grün zurückbehalten, wiegen und später der Soße beifügen. In Salzwasser die Knollen 25 bis 30 Minuten dünsten, abtropfen lassen, in eine gefettete Auflaufform legen. Zwischenräume mit Scheiben von Schinkenspeck ausfüllen. Reibkäse überstreuen. Von dem Kochwasser die Soße anrühren, gut abschmecken, über das Ganze gießen und 10 bis 15 Minuten überbacken.

Überbackener Fenchel

4–6 Fenchelknollen
Salz
60 g Butter
60 g Reibkäse

Tomatensoße

Die gründlich gewaschenen Knollen in gesalzenem Wasser eben weich kochen, dann auf einem Sieb abtropfen lassen. Eine feuerfeste Form gut ausfetten, die halbierten Knollen hineinschichten, dick mit Käse bestreuen, reichlich Butterflöckchen darauf verteilen. In den vorgeheizten Backofen schieben und schön goldgelb überbacken. Mit recht pikanter Tomatensoße zu Tisch geben.
Zu diesem Gericht kann der Fenchel auch in Scheiben geschnitten werden.

Spiegeleier mit gebratenem Fenchel

8 Scheiben magerer Speck
8 Scheiben gekochter Fenchel
80 g Butter
8 Eier

Für jede Person brät man in der Pfanne zwei Speckscheiben und zwei Scheiben gekochten Fenchel. Auf warmen Tellern anrichten. Je Person zwei Spiegeleier daraufsetzen.

Omelett mit Fenchelstreifen

8 Eier
Salz
Fett zum Backen

4 gedünstete Fenchelknollen
etwas Zitronensaft
Salz
etwas Fenchelgrün

Vier Omeletts mit jeweils zwei Eiern zubereiten. Gedünstete, mit Zitrone und Salz sowie gehacktem Fenchelgrün abgeschmeckte Fenchelstreifen werden ohne Saft in das Omelett gefüllt und zu Tisch gegeben.

Fenchel-Rohkost mit Bananen

4 Fenchelknollen
4 Bananen

100 g Mayonnaise
3–4 Eßlöffel Dosenmilch
Salz
Zucker
3–4 Eßlöffel Zitronensaft

2 Eßlöffel Haselnüsse

Die vorbereiteten halbierten Fenchelknollen in dünne Streifen schneiden. Die in Scheiben geschnittenen Bananen daruntermischen und gut mit der Mayonnaise, die mit einigen Eßlöffeln Dosenmilch verdünnt wurde, mischen. Mit Salz, Zucker und Säure abschmecken. Die zerkleinerten Haselnüsse über den Salat streuen.

Fenchelsalat

5 Fenchelknollen
100 g Krabben
2–3 Tomaten
etwas Mayonnaise
1/8 l saure Sahne
reichlich Zitronensaft
Öl
Salz
Pfeffer
Petersilie

Fenchel gut vorbereiten, harte Außenblätter und Strünke entfernen. Die Knollen in Stücke schneiden und in zwei Liter gesalzenem Wasser weich kochen lassen. Abkühlen. Aus den angegebenen Zutaten eine Salatsauce zubereiten, über die Fenchelstücke gießen, mit Krabben, geschnittenen Tomaten und Petersilie anrichten und zu Tisch geben.

Mais

Mais

Dieses bis zu fünf Meter hohe Grasgewächs stammt ursprünglich aus Amerika und gedeiht in den Ländern der heißen und gemäßigten Zonen in zahlreichen Zuchtformen. Mais gilt neben Weizen und Reis als wichtigste Getreidepflanze. Nur in Deutschland begegnet man bis heute dem Mais nicht gerade sonderlich freundlich. Wir mögen ihn zwar als Cornflakes, aber sonst?
Die Maiskörner sitzen dicht gedrängt in Reihen auf einer Spindel und bilden in ihrer Gesamtheit den Maiskolben. Unreife Maiskolben liefern ein vorzügliches, angenehm süß schmeckendes Gemüse. Jedoch sind uns Maisstärke und Maiskeimöl bekannter.
Versuchen Sie doch einmal gelegentlich Mais nach einem der folgenden Rezepte!

Maiskolben

4 noch zartgrün gefärbte Kolben
60 g Butter

Blätter und Fasern von den Maiskolben ablösen und die Stielenden glattschneiden. Die Kolben in leicht gesalzenem Wasser garen. Nach 10 bis 15 Minuten Garzeit den Mais auf eine Platte legen. Dazu wird braune Butter gereicht. Frische Kartoffeln und grüner Salat schmecken gut dazu.
Entweder nagt man die Körner vom Kolben, den man vorher in die Butter getaucht hat, oder man streift sie mit der Gabel ab und gibt die Butter darüber. Die Körner sind weich wie Erbsen.

Mais-Tomaten-Suppe

2 Zwiebeln
1 Eßlöffel Öl
4 große Kartoffeln
4 große Tomaten
3/4 l Fleischbrühe
Pfeffer
1 Teelöffel Zucker
Salz
Paprikapulver
1/4 l Milch
500 g Mais aus der Dose

125 g gekochter Schinken

Zwiebeln fein schneiden und in Öl bräunen. Kartoffeln und Tomaten klein schneiden und zu den Zwiebeln geben. Mit dreiviertel Liter Fleischbrühe auffüllen. Würzen. Kochen, bis die Kartoffeln gar sind. Dann kommen Milch und der Inhalt der Maisdose mit dem Saft dazu. Aufkochen lassen, abschmecken und mit feingewiegtem Schinken servieren.

Hühner-Mais-Suppe

1 Dose Mais
300 g Hühnerfleisch
1 Tasse Selleriewürfel
1 Lorbeerblatt
Salz
Pfeffer
1 Eigelb
$^{1}/_{2}$ *Tasse Milch*

Sellerie kochen und in Würfel schneiden. Das Hühnerfleisch in einem Liter Wasser kochen. Das Fleisch herausnehmen und in Streifen schneiden. Mais im Mixer zerkleinern oder erhitzen und passieren. Sellerie, Hühnerfleisch und Mais mit Lorbeerblatt, Salz und Pfeffer in die Hühnerbrühe geben und aufkochen. Eigelb mit der Milch verschlagen und vor dem Servieren in die Suppe geben.

Gespickte Maiskolben

4 Maiskolben
1 Schweinefilet
Salz
Öl

Butter

Die gekochten Maiskolben mit zwei Zentimeter breiten Filetstreifen in Abständen belegen und mit Zahnstochern befestigen. Mit Öl bestrichen etwa 15 Minuten grillen. Nach Halbzeit wenden. Zum Schluß salzen. Zerlassene Butter dazu reichen.

Bohnen mit Mais

500 g grüne Bohnen
Bohnenkraut

1 Stange Lauch
Salz
1 Eßlöffel Butter
1 Dose Mais

Bohnen in kleine Stücke schneiden und in leicht gesalzenem Wasser, dem Bohnenkraut zugefügt wurde, kochen. Lauch in Ringe schneiden und mit Salz und Butter andünsten. Mit Mais auffüllen. Wenn alles gar ist, mit den abgetropften Bohnen mischen.

Mais amerikanisch

8 zarte Maiskolben (möglichst erntefrisch)
Salz
Butter

Die Blätter und die Fäden der Maiskolben lösen und die Stiele abschneiden. Die zarten inneren Blätter in einen großen Topf legen, die Maiskolben daraufschichten. Wieder mit Blättern bedecken. Mit kochendem Wasser auffüllen, salzen und die Kolben weich dünsten. Das kann bei ganz zarten, noch schneeweißen Maiskolben 10 bis 15 Minuten dauern; bei älteren, deren Körner schon gelb sind, bis zu einer halben Stunde. Zur Probe mit der Gabel ein Maiskorn abzupfen. Kolben in eine vorgewärmte Schüssel legen und mit einer Serviette bedecken. Die Kolben werden, mit frischer Butter bestrichen, in beide Hände genommen und abgeknabbert.

Maisspießchen

12 Scheiben magerer Speck
12 Scheiben Tomaten
12 Scheiben vom Maiskolben
Salz
Öl
Paprika

Für jede Person etwa drei mal drei Zentimeter nicht zu dünne Speckscheiben schneiden. Abwechselnd mit Tomatenscheiben, sehr dicken Scheiben von gekochten Maiskolben auf einen Spieß reihen. Paprikaschoten passen ebenfalls dazu. Salzen, mit Paprikaöl bepinseln und etwa 20 Minuten grillen. Nach zehn Minuten wenden.

Mexikosalat

125 g Krabben
125 g Dosenerbsen
125 g Dosenmais
1 Zitrone
1 Prise Zucker
Salz
Pfeffer

Krabbenfleisch, Erbsen und Mais miteinander mischen. Den Saft einer Zitrone mit Zucker, Salz und Pfeffer verrühren und den Salat damit vollenden.

Maissalat

1 Maiskolben
reichlich Zitronensaft

Mayonnaise
2–3 Eßlöffel Schlagsahne

einige Kopfsalatblätter
Essig
Öl
Salz
Pfeffer
50 g roher Schinken

Maiskolben kochen, Körner abnehmen, erkalten lassen. Zitronensaft darüberträufeln. Zehn Minuten ziehen lassen. Mayonnaise mit der Schlagsahne verfeinern und die Maiskörner daruntermischen. Diese dann auf mit Essig und Öl angemachten, gewürzten und mit Schinkenwürfeln garnierten Salatblättern anrichten.

Variation: Auch mit Scheiben von hartgekochten Eiern, Radieschen, Gurken, Kalbfleischresten oder Thunfisch läßt sich dieser Salat variieren.

Paprika

Paprikaschoten

Wegen ihres großen Vitaminreichtums, wegen der vielen gesundheitsfördernden Bestandteile und vor allem wegen ihres guten Geschmacks lieben nicht nur die Völker des Balkans, sondern auch mehr und mehr wir Westeuropäer die Paprikaschoten. Auch Paprika stammt ursprünglich aus Südamerika. Bemerkenswert ist sein hoher Vitamin-C-Gehalt.

Die große Zeit der Paprikaschoten kommt mit dem Spätsommer und dem Herbst. Dann reifen sie in Italien, Spanien und Portugal, die gelbleuchtenden, roten, buntgeflammten, grünen, die süßen oder die höllisch scharfen kleinen roten Schoten. Vor dem Zubereiten muß man die Stiele, auch den fleischigen Ansatz und die Samenkörner völlig entfernen, sie schmecken zum Teil überaus scharf.

Paprikaschoten können roh, als Salat, gekocht, als Zutat für andere Speisen, in Essig oder in Öl und als Dauerkonserven auf den Tisch kommen.

Andalusisches Omelett

6–8 Eier
4 abgezogene gewürfelte Tomaten
2 gewürfelte Paprikaschoten
Salz
Olivenöl zum Backen

Die Eier verquirlen und salzen. Tomaten- und Paprikawürfel, leicht gesalzen, in Öl gar dünsten. In einer Pfanne mit heißem Öl die Eimasse anbraten, das Gemüse daraufgeben, das Omelett zusammenklappen und servieren.

Kalte andalusische Gemüsesuppe

1 000 g Tomaten
1 rote Paprikaschote
2 Zehen Knoblauch
100 g grüne Paprikaschoten
50 g Zwiebeln

½ l kalte Fleischbrühe

50 g Weißbrotwürfelchen
50 g Olivenöl
Essig
Salz
Kümmel
Paprika

Von allen Gemüsen die Hälfte enthäuten, entkernen, fein würfeln und zurückstellen. Mit Kümmel, Paprika, Salz, Essig, Öl und Brotwürfeln zur Suppe reichen.
Die andere Hälfte des geputzten Gemüses im Mixer fein pürieren und mit knapp einem halben Liter Fleischbrühe vermengen. Diese Suppe serviert man möglichst gleich nach dem Zubereiten. Jeder würzt sie nach Geschmack und bereichert sie mit Öl und den anderen Beilagen.

Paprika-Leber-Spieß

Je Spieß:
1 rote Paprikaschote
1 Scheibe Leber
2 Zwiebeln
Öl
Salz
Pfeffer

Die Leber in Würfel schneiden. Die gewaschene Paprikaschote entkernen, die Zwiebel schälen und beides, zur Leber passend, in Stücke oder Scheiben schneiden. Abwechselnd einen Leberwürfel, ein Paprikastück, einen Leberwürfel und eine Zwiebelscheibe eng zusammen auf einen Spieß stecken. Mit Öl bestreichen und unter dem vorgeheizten Grill bereiten. Würzen und auf Reis angerichtet servieren.

Kalbskoteletten im Gemüsebett

4 Kalbskoteletten
Salz
Pfeffer
2 Paprikaschoten
1 Zwiebel
1 Gurke
4 Tomaten
2 Eßlöffel Fett
$^{1}/_{8}$ l Wasser oder Brühe
Paprika

Die Koteletten von beiden Seiten mit Salz und Pfeffer würzen. Paprikaschoten, Zwiebel und Gurke in feine Streifen schneiden, die Tomaten enthäuten. Das Fleisch in heißem Fett braten, etwas auf die Seite der Pfanne rücken, Paprika, Zwiebel und Gurke in das Bratfett geben, andünsten und mit Brühe auffüllen. Die Gewürze zufügen und etwa 15 Minuten zugedeckt schmoren lassen. Dann die Tomaten dazugeben und weiterdünsten, bis alles gar ist.

Schaschlikspieß

750–800 g Rind- oder Kalbfleisch
2 große Zwiebeln
2 Paprikaschoten
2 Tomaten

Zitronensaft
4–6 Eßlöffel Öl
1 Knoblauchzehe
Thymian
Pfeffer

Das Fleisch in mundgerechte Würfel schneiden, ebenso Zwiebeln, Paprika und Tomaten. Das Fleisch mehrere Stunden in eine Marinade aus Zitronensaft, Öl und den Gewürzen legen. Dann abwechselnd mit den zugeschnittenen Gemüsen auf einen Spieß stekken und grillen.

Ungarische Schlemmerspießchen

4 Scheiben geräucherter magerer Speck
1–2 Schweinenieren
200 g Herz
2–3 Zwiebeln
1 Paprikaschote
Salz
Pfeffer
Paprika
Öl

Zwiebeln schälen und achteln. Paprikaschoten putzen, von Samen und weißen Innenrippen befreien. In 3 × 3 Zentimeter große Stücke schneiden. Ebenso die Speckscheiben, Niere und Herz. Die Spieße abwechselnd mit einem Scheibchen Speck, Herz- und Nierenstückchen, Zwiebeln und Paprika bestecken. Man spannt die fertigen Spießchen in den Spießhalter eines Grills, um sie, mit Paprika überstäubt, leicht gesalzen und gepfeffert, in den Grill zu hängen. Während des Drehens mit Öl bepinseln. Nach 15 bis 20 Minuten sind sie gebräunt. Ebenso könnte man aber auch die gewürzten Spießchen in heißem Fett in der Pfanne auf allen Seiten bei mittlerer Hitze 15 bis 20 Minuten lang braten.

Gebackene Paprikaschoten

4 Paprikaschoten
1–2 Eier
Öl zum Backen

Paprikaschoten von den Stengeln befreien und in Scheiben schneiden. Das Innere mit den Samen entfernen. Die Ringe in verquirltes Ei tauchen und in Öl schwimmend backen.
Mit einer süß-sauren Soße servieren.

Paprikahackbraten

800 g gemischtes Hackfleisch
Salz
Pfeffer
Paprika
Thymian
2 Eier
2 altbackene Brötchen
1 Zwiebel
2 grüne Paprikaschoten
etwas Fett
125 g durchwachsener Speck

Das Hackfleisch kräftig würzen und mit Eiern und der eingeweichten, gut ausgedrückten Brötchenmasse verarbeiten. Zwiebel würfeln, Paprikaschoten in breite Streifen schneiden und beides in heißem Fett anbraten. Den Fleischteig etwas breit drücken, Paprikastreifen und Zwiebelwürfel darauf verteilen, mit Fleischmasse bedecken. Den Hackbraten in eine Form bringen. In die Fettfangschale des Backofens legen, mit dünnen Speckscheiben die Oberseite belegen und 50 bis 60 Minuten braten.

Portugiesische Hammelsteaks

4 Hammelsteaks
Salz
Pfeffer
Bratfett
1 Gläschen Portwein
1 Teelöffel Stärkemehl

500 g Paprikaschoten
1/2 Dose geschälte Tomaten
40 g Butter
3 Zwiebeln

1–2 Eßlöffel Oliven

Die oberste Fettschicht des Hammelfleisches lösen, dann die Steaks kräftig würzen. In heißem Fett auf beiden Seiten anbraten, dann etwa vier Minuten auf jeder Seite weiterbraten. Den Bratenfond mit Portwein löschen und das in Wasser angerührte Stärkemehl darin aufkochen. Die Paprikaschoten nach dem Putzen in Streifen schneiden und mit etwas Butter schmoren, Zwiebeln – in Scheiben geschnitten – hinzufügen. Zum Schluß die geschälten Tomaten dazugeben und erhitzen. Durchmischen, auf eine Platte legen und darauf die fertigen Steaks anrichten. Mit Olivenscheibchen garnieren. Die Soße gesondert reichen.

Spanischer Reis

$^{1}/_{8}$ l Öl
1 große Zwiebel
3–4 Paprikaschoten
4 Tomaten
300 g Kalb- oder Schweinefleisch
100 g Schinken
Safran

300 g Reis
1 l Fleischbrühe

Die feingeschnittene Zwiebel in dem Öl hellgelb werden lassen. Kleingeschnittene, von den Kernen befreite Paprikaschoten, geschnittene Tomaten, das würflig geschnittene Fleisch, den geschnittenen Schinken zufügen. Mit etwas Safran läßt man diese Zutaten 15 bis 20 Minuten kochen. Dann gibt man den Reis dazu und füllt mit etwa einem Liter scharf abgeschmeckter Fleischbrühe auf.
Das Gericht nach dem Garen möglichst nicht mehr umrühren.

Madjarischer Paprika

500 g grüne Paprikaschoten
500 g Tomaten
3 Zwiebeln
1 Knoblauchzehe
75 g magerer Speck
1 Prise Rosenpaprika
1 Prise Salz
2 Eßlöffel geriebener Käse

Die Paprikaschoten teilen, sorgsam entkernen und in längliche Streifen schneiden. Die Tomaten brühen und enthäuten. Feingehackte Zwiebeln und Knoblauchzehe mit einer Prise Paprika in dem feingeschnittenen Speck weich dünsten. Die Paprikaschoten und die Tomaten hinzugeben, salzen und etwa eine halbe Stunde mit geschlossenem Deckel gar dämpfen. Kurz vor dem Anrichten Käse darüberstreuen.

Chinesische Fleischbällchen

500 g gehacktes Rindfleisch
Salz
Pfeffer

2 Eier
2–3 Eßlöffel Mehl
Pfeffer
Salz

5 Eßlöffel Öl

1/4 l Hühnerbouillon
2–3 grüne Paprikaschoten
4–6 Ananasscheiben
2 Eßlöffel Stärkemehl
5 Eßlöffel Weinessig
1/2 Tasse Ananassaft
5 Eßlöffel Zucker
Salz
Pfeffer

Das Fleisch nicht stark würzen. Gleich 12 bis 18 Fleischbällchen daraus formen. In einem kleinen Topf Eier, Mehl, Pfeffer und Salz glattrühren. Die Fleischbällchen eintauchen und in heißem Öl backen. Wenn alle gebacken sind, soviel Öl abgießen, daß etwa noch ein Eßlöffel in der Pfanne bleibt.
Ein Drittel der Hühnerbrühe, die in Würfel geschnitte-

nen Paprikaschoten sowie die Ananas zugeben und zugedeckt zehn Minuten kochen lassen.
Dann das in der restlichen Hühnerbouillon glattgerührte Stärkemehl, Sojasoße, wenn gewünscht, und die anderen Zutaten unter Rühren zugeben und aufkochen lassen. Die Fleischbällchen darin 10 bis 15 Minuten ziehen lassen.
Dazu reicht man dünne Pfannkuchen, die mit der Gabel in der Soße zerkleinert werden.

Spanisches Gemüse

250 g geräucherter durchwachsener Speck
3 Eßlöffel Öl
250 g Zwiebeln
3 Paprikaschoten
1 Salatgurke
750 g Tomaten
Salz
1 Prise Zucker

Petersilie

Speck und Zwiebeln in grobe Würfel schneiden und in Öl zusammen andünsten. Paprikaschoten halbieren, Kerne entfernen und die Hälften in schmale Streifen schneiden. Gurke schälen, ebenfalls halbieren und in zwei Zentimeter große Stücke schneiden. Die Tomaten abziehen und achteln. Die Gemüse nacheinander zu Speck und Zwiebeln geben, zum Kochen bringen und dann langsam garen. Die Garzeit beträgt etwa 30 Minuten. Zum Schluß mit Salz und Zucker abschmecken, eventuell mit etwas angerührtem Mehl binden und mit gehackter Petersilie überstreuen.

Paprikaschoten-Eintopf

25 g Fett
250 g Gehacktes
2 Zwiebeln
500 g Paprikaschoten
$2\frac{1}{2}$ Pfund geschälte Kartoffeln
Salz
$\frac{1}{2}$ l Wasser

In dem Fett brät man das Gehackte leicht an, zuletzt die gewürfelten Zwiebeln und die in Streifen geschnittenen Paprikaschoten. Dann fügt man die zerkleinerten Kartoffeln, Wasser und Salz hinzu. Aufkochen lassen und noch 20 bis 30 Minuten garen.

Pußtagulasch

50 g Schweineschmalz
300 g Zwiebeln
300 g Paprikaschoten
2 Eßlöffel Rosenpaprika
2 Eßlöffel Tomatenmark
500 g Rindfleisch
1 Zwiebel
2 Nelken
1 Lorbeerblatt
etwa $^{1}/_{2}$ l Fleischbrühe

Abgeriebenes einer Zitrone
$^{1}/_{2}$ Teelöffel Kümmel
Majoran
2 Zehen Knoblauch

Die in Scheiben geschnittenen Zwiebeln in heißem Schmalz dünsten. Entkernte und in Streifen geschnittene Paprika mit den Zwiebeln mischen. Rosenpaprika überstäuben und Tomatenmark untermischen. Rindfleisch in große Würfel schneiden, zugeben und salzen. Gut umrühren. Eine Zwiebel – mit zwei Nelken und einem Lorbeerblatt bespickt – in den Bratentopf geben. Zugedeckt dünsten lassen. Nach etwa 15 Minuten mit soviel Fleischbrühe auffüllen, daß das Fleisch gerade bedeckt ist. Wenn das Fleisch weich ist, kommt das Gulaschgewürz hinzu. Nicht binden.

Schweinefleisch in Paprika-Tomaten-Gemüse

375–500 g Schweinefleisch ohne Knochen
3–4 Eßlöffel Öl
500 g Zwiebeln
500 g Tomaten
500 g Paprikaschoten
5–6 Eßlöffel Sahne oder Dosenmilch
Salz

Fleisch in zwei Zentimeter große Würfel, Zwiebel in Ringe, Paprikaschoten in kleine Stücke schneiden. Tomaten brühen, häuten und vierteln. Fleisch in heißem Öl leicht bräunen und zugedeckt 15 bis 20 Minuten ohne Flüssigkeitszugabe schmoren lassen. Jetzt erst die Paprikaschoten und die Tomaten hinzugeben und das Gericht in etwa 20 Minuten fertig garen. Zuletzt die Sahne unterrühren und mit Salz abschmecken.

Zu den Abbildungen: 5. Auberginen-Küchlein (Seite 32)
6. Überbackener Fenchel (Seite 81)

Gefüllte Paprikarollen

350 g gemischtes Hackfleisch
1 Ei
Salz
Pfeffer
1 Eßlöffel feingehackte Zwiebeln
4 Paprikaschoten
8 Scheiben durchwachsener Speck
1/2 Teelöffel Paprika

Fett zum Braten

Hackfleisch, Ei, Zwiebeln und Gewürze vermengen. Acht kurze Rollen aus der Fleischmasse herstellen. Deckel und Boden von den Paprikaschoten abschneiden, halbieren und entkernen. Die Fleischrollen in die Paprikahälften legen, mit je einer Scheibe Speck umwickeln, mit Paprika bestreuen und mit Faden befestigen. Die Paprikarollen von allen Seiten braun braten und milde garen lassen.

Zu den Abbildungen: 7. Fenchelsalat (Seite 84)
8. Gefüllte Auberginen (Seite 43)

Gefüllte Paprikaschoten

50 g Reis

250 g Schweinehack
1 Teelöffel Butter
1 Zwiebel
Salz
abgeriebene Zitronenschale
1 Ei
gehackte Petersilie

6–8 Paprikaschoten

500 g Tomaten oder
2 Eßlöffel Tomatenmark
Salz
50 g Speck

Mehl zum Andicken

Reis in Salzwasser garen. In der Butter die kleingeschnittene Zwiebel dünsten. Mit Salz, Ei, abgeriebener Zitronenschale und Petersilie zum Schweinefleisch geben. Reis und Fleischmasse vermengen und gut abschmecken. Die zerschnittenen Tomaten ohne Wasser zum Kochen bringen, weichgedünstet durchstreichen und mit heißem Wasser auf einen Liter auffüllen. Bei Verwendung von Tomatenmark rührt man zwei Eßlöffel voll mit dreiviertel Liter Wasser an. Die Tomatenbrühe salzen und mit dem kleinwürflig geschnittenen Speck aufkochen. Die am Stielende aufgeschnittenen, ausgehöhlten und mit Reisfleisch gefüllten Paprikaschoten hineingeben. Garen lassen. Die Soße zum Schluß mit Mehl andicken. Sie muß recht sämig sein und gut abgeschmeckt werden.

Krabben ungarisch

160 g Krabbenfleisch
1 Brötchen
1 Ei
Muskat

4 Paprikaschoten

Krabben, eingeweichtes und ausgedrücktes Brötchen und Ei miteinander vermengen und mit Muskat abschmecken. Diese Mischung in die entkernten Paprikaschoten füllen. Deckel aufsetzen, mit Butterflöckchen belegen und in einer feuerfesten Form bei mäßiger Hitze etwa 45 Minuten im Backofen dünsten.
Dazu paßt Reis mit Tomatensoße.

Ungarisches Reisgericht

200 g Brühreis
Salz
500 g Paprikaschoten
250 g Tomaten
250 g geräucherter durchwachsener Speck
2 Zwiebeln
70 g Butter
Salz
Paprika

Reibkäse
Petersilie

Den Reis in Salzwasser garen und als Sockel in eine flache, heiße, gefettete Auflaufform geben. Paprikaschoten und Tomaten enthäuten, entkernen und in Streifen schneiden. Zwiebeln fein hacken. Speck in Würfel schneiden und auslassen. Die Paprikaschoten und Zwiebeln darin gar dünsten. Tomaten zugeben, mit Salz und Paprika abschmecken. Über den Reis füllen. Mit geriebenem Käse bestreuen und Butterflöckchen aufsetzen. Etwa sieben Minuten unter den vorgeheizten Grill schieben. Nach der Zubereitung mit Petersilie bestreuen.

Griechische Paprikaschoten

4–6 Paprikaschoten
500 g Hackfleisch
Salz
Pfeffer
100 g Reis

750 g Tomaten
Öl
körnige Würze

einige Mandeln

Von den Paprikaschoten die Kappen abschneiden, Samen und Rippen entfernen, waschen. Das Hackfleisch mit Salz, Pfeffer und dem gut gewaschenen Reis vermischen. Ungefähr die Hälfte locker und lose bis zu dreiviertel in die Paprikaschoten füllen. Aus der übrigen Reis-Fleisch-Masse Bällchen formen. Die Tomaten in kochendheißes Wasser tauchen, kalt überbrausen. Haut abziehen. Die mit Öl, Salz, körniger Würze und abgezogenen gestiftelten Mandeln vermischten kleingeschnittenen Tomaten in eine feuerfeste Form geben. Dahinein Paprikaschoten und Fleischbällchen setzen. Butterflöckchen darübergeben und in mittelheißem Backofen langsam garen.

Nudelsalat mit Paprika

250 g Nudeln
1 Blättchen Salbei

1 Tube Mayonnaise
2–3 Eßlöffel Zitronensaft
Salz
Pfeffer
1 Prise Zucker

2 Paprikaschoten

Blattsalat

Die Nudeln in reichlich Salzwasser mit dem Salbeiblatt garen, in ein Sieb schütten, mit kaltem Wasser abschrecken und abtropfen lassen. Die Mayonnaise mit den Gewürzen abschmecken und mit den Nudeln vermischen. Die Paprikaschoten entkernen, in sehr kleine Würfel schneiden und unter den Salat mischen. Auf Salatblättern anrichten und mit Paprikastreifen garnieren.

Paprika-Schinken-Salat

500 g bunte Paprikaschoten
Essig
Salz
4–5 Tomaten
200 g roher oder gekochter Schinken

1 Eßlöffel Zitronensaft
3 Eßlöffel Öl
1 gehackte Zwiebel

Schnittlauch

Die Paprikaschoten werden fein geschnitten oder gehackt. Essig und Salz hinzugeben und kurze Zeit zugedeckt stehenlassen. Tomaten und Schinken zerkleinern und in die Soße aus Zitronensaft, Öl und Zwiebel geben. Zum Schluß die gewürzten, zerkleinerten Paprikaschoten hineingeben. Mit Schnittlauch überstreuen.

Serbischer Paprikasalat

500 g Paprikaschoten
Olivenöl
2 Eßlöffel Bienenhonig

125 g gekochtes Rindfleisch
2 hartgekochte Eier
3 Tomaten
4 dünne Scheiben Salami
Pfeffer
Salz
Weinessig

Paprikaschoten entkernen, gut waschen und in Streifen schneiden. In wenig Wasser mit etwas Olivenöl und Bienenhonig fünf Minuten dünsten. Rindfleisch in dünne Streifen schneiden, Eier grob hacken, Tomaten in Scheiben schneiden und Salami würfeln. Alle Zutaten mit reichlich Öl, einem Schuß Weinessig, Salz und Pfeffer gut mischen. Ein bis zwei Stunden kaltgestellt ziehen lassen.
Zu frischem oder geröstetem Weißbrot servieren.

Zucchetti

Zucchetti

Zucchetti, man nennt sie auch Zucchini, sind langförmige, gurkenähnliche Gemüse, die zu der Familie der Speisekürbisse gehören. Diese etwas süßlich schmekkende Gurkenfrucht rechnet zu den Fruchtgemüsen wie Gurken, Tomaten und Auberginen.
In Italien ein sehr bekanntes Gemüse, auch bei uns leicht zu kaufen.
Wir wünschen gutes Gelingen mit den folgenden Rezepten.

Gebackene Zucchetti

3–4 Zucchetti
Backfett
Salz

Petersilie

Zucchetti schälen, in ein Zentimeter dicke Scheiben, dann in Streifen schneiden. Schwimmend in Fett bakken, bis sie weich und etwas knusprig sind. Abtropfen lassen. Salzen und mit kleingehackter frischer oder auch gebackener Petersilie reichen.

Zucchetti mit Walnüssen

750 g Zucchetti
1/2 Tasse Schalotten
1/2 Tasse Olivenöl
1/2 Tasse Rotwein
2 Eßlöffel Zitronensaft
1/4 Tasse Wasser

1 Tasse Walnüsse

Die gereinigten Zucchetti in ein Zentimeter dicke Scheiben schneiden. Mit den in Scheiben geschnittenen Schalotten in Öl fünf Minuten unter häufigem Rühren dünsten. Wein, Zitronensaft und eine viertel Tasse Wasser zufügen. Grobgehackte Walnüsse darübergeben.

Gefüllte Zucchetti mit Hackfleisch

6 Zucchetti
1 1/2 Tassen Hackfleisch
Suppenknochen
1 Tasse gekochter Reis
1 1/2 Tassen Tomatensaft
2 gehackte Tomaten
Salz
Pfeffer
Zimt

Zucchetti gründlich mit der Bürste schrubben, ein Ende abschneiden und mit schlankem Löffel aushöhlen. Hackfleisch, Reis, die Hälfte der Tomatenstückchen und die Gewürze – ohne das Salz – mischen und die Zucchetti zu Dreiviertel damit füllen. Den Boden eines Schmortopfes mit einigen Suppenknochen belegen und die restlichen Tomatenstückchen darüberstreuen. Die Zucchetti darüberlegen, etwas Wasser, Tomatensaft und jetzt auch das Salz dazugeben. Eine Stunde kochen lassen.

Ei mit Zucchetti

8 kleine Zucchetti
4 Eier
1 Eßlöffel Butter
1/2 Tasse Wasser
Salz
Pfeffer

60 g Butter

Zucchetti waschen, in ein Zentimeter dicke Scheiben schneiden und mit einer halben Tasse Wasser weich kochen. Die Scheiben in eine Auflaufform legen, die geschlagenen und mit Pfeffer und Salz vermengten Eier darübergeben und im Backofen gar werden lassen. Zerlassene Butter darübergießen und heiß servieren.

Zucchetti mit Schinken

3–6 kleinere Zucchetti
Salz
Zitronensaft
200 g Schinken
40 g Käse
1 Tasse Sahne

Die geschälten Zucchetti (zarte ungeschält verwenden) der Länge nach halbieren, mit wenig Salz und Zitronensaft einreiben. Auf dem Boden einer flachen Auflaufform den gewürfelten Schinken verteilen. Die Zucchetti mit der Schnittfläche nach unten darauflegen. Mit geriebenem Käse bestreuen und Sahne übergießen. 20 bis 30 Minuten backen.

Gefüllte Zucchetti mit Käsesoße

4 große Zucchetti

1 Tasse gekochtes Lamm- oder Kalbfleisch
1/2 Tasse gehackte Zwiebeln
1 Eßlöffel gehackte Pinienkerne
1 Tasse Tomatensaft
1/2 Tasse Öl
Salz
Pfeffer
Zimt

1/2 l helle Soße
2 Eßlöffel Paniermehl
2 Eßlöffel Reibkäse

Die Zucchetti werden gründlich mit der Bürste geschrubbt, dann schneidet man von jeder ein Ende ab und höhlt die Zucchetti aus. Zwiebelstückchen in Fett hell bräunen, Fleisch, Pinienkerne, Salz, Pfeffer und Zimt dazugeben. Unter ständigem Rühren schmoren. Diese Mischung abkühlen lassen und die Zucchetti zu Dreiviertel damit füllen. Das offene Ende mit einem Pfropfen des vorher entnommenen Fruchtfleisches verschließen. Die gefüllten Zucchetti rundherum in heißem Fett in der Pfanne schön anbräunen. Dann lagenweise in eine Kasserolle geben, Tomatensaft darübergießen, zum Kochen bringen und etwa 20 Minuten ziehen lassen, bis die Zucchetti gar sind. Die fertigen

Zucchetti mit einer hellen Soße begießen, mit Bröseln und geriebenem Käse bestreuen und in den heißen Backofen schieben, damit der Käse schmilzt und die Zucchetti gleichmäßig überzieht.
Man bringt dieses Gericht gleich in der Kasserolle oder einer feuerfesten Auflaufform auf den Tisch und reicht dazu Reis.
Sind die Zucchetti sehr schmal und ist das Aushöhlen dadurch erschwert, so kann man die Füllung auch in die halbierten Zucchetti geben.

Zucchetti-Salat

6 kleine Zucchetti
$^{1}/_{2}$ Zitrone
3–4 Eßlöffel Öl
1 Knoblauchzehe
Petersilie
Salz

Man kocht die ganzen, vorher gut gereinigten Zucchetti in leicht gesalzenem Wasser ungefähr zehn Minuten. Dann in ein Zentimeter dicke Scheiben schneiden und behutsam mit einer Soße aus Zitronensaft, Öl, zerdrücktem Knoblauch und feingehackter Petersilie mengen.
Den Salat lauwarm zu Tisch bringen.

Schinkensalat mit Zucchetti

1 1/2 Tassen gekochter Schinken
1 Tasse Tomatenscheiben
1 Tasse gehobelte Zucchetti
1 Tasse Gurkenscheiben
2 Eßlöffel Schnittlauch
2 Eßlöffel Petersilie
Dill
4 Eßlöffel Marinade
4 Eßlöffel Mayonnaise

Die Gemüse werden mit den feingeschnittenen Kräutern und der Marinade vermischt. Direkt vor dem Servieren Mayonnaise unterziehen.

Überbackene Zucchetti

3 Zucchetti
Salz

40 g Butter
40 g Mehl
1/4 l Milch
1 Eigelb
Muskat

30 g Käse
30 g Butter

Zucchetti schälen, halbieren und in Stücke schneiden. In etwa 20 Minuten in Salzwasser weich kochen. Butter schmelzen, das Mehl dazugeben und dünsten. Milch nach und nach unter stetem Rühren zugießen, bis die Soße glatt und gebunden ist. Mit Eigelb legieren. Mit Salz und Muskat abschmecken. Das Gemüse nach dem Abtropfen lagenweise mit der Soße in eine gefettete flache Auflaufform füllen. Mit geriebenem Käse bestreuen, mit Butterflöckchen belegen. In 15 bis 20 Minuten überbacken.

Gegrillt und überbacken

Die überbackenen Gerichte haben einen besonderen Reiz, da sie recht appetitlich aussehen und wegen ihrer gebräunten Kruste sehr gut duften. Sie können frisch oder aus Resten bereitet werden. Als Vorspeise genügt der Inhalt eines kleinen Ragoutschälchens oder einer Muschel. Als Abendgericht einer Familie, als herrliche Hauptspeise, ist eine größere Menge in einer Auflaufform angebracht. Sollen diese Gerichte nur noch eine braune Kruste erhalten, so erreicht man sie sehr schnell unter dem Grill. Alle Zutaten müssen beim Einfüllen dann heiß und natürlich gar sein, denn die Kruste entsteht sehr schnell.
Neben dem raschen Bräunen und Überkrusten von Speisen und belegten Brotschnitten, wie zum Rösten von Weißbrot, dient der Grill auch zum geschwinden Garen. Fleisch- und Fischschnitten, Leber, Nieren, Speckscheiben und Würstchen aller Art, ja selbst einige Gemüse- und Obstarten können gegrillt zu einer Delikatesse werden. Sie müssen flach genug sein, um beim Bräunen auch zu garen.
Viele überbackene Gerichte gehören aber zu den Aufläufen, die man jedem Backofen ohne Grilleinrichtung anvertrauen kann. Aufläufe werden in einer Form aus feuerfestem Porzellan, Steingut oder Jenaer Glas im Backofen gebacken und in dieser Form auch heiß zu Tisch gebracht. Man unterscheidet solche, deren Zutaten bereits gar sind und die nur des besseren Aussehens und Geschmacks wegen mit starker Hitze über-

backen werden und durch und durch heiß werden sollen. Sie schiebt man so hoch wie möglich in den Backofen und läßt sie 25 bis 35 Minuten bei starker Hitze darin. Andere wiederum bestehen ganz oder zum Teil aus rohen Zutaten. Sie sollen durchbacken und erhalten dabei eine braune Kruste. Man setzt sie wie einen Napfkuchen auf die unterste oder zweitunterste Schiene. Sie backen langsam von unten heraus, brauchen daher starke Unterhitze, aber nur mäßige Oberhitze.

Aufläufe bereiten eine angenehme Abwechslung im Küchenzettel. Sie können als Nachspeise nach einer sättigenden Suppe gegeben werden, als Beilage zum Braten oder als selbständiges Gericht. Bei vielen Rezepten lassen sich schon am Vortage die Zutaten vorbereiten, ja sogar die Reste zum Auflauf verarbeiten, so daß man zum Beispiel sonntags oder an anderen Tagen, an denen wenig Zeit für die Essenzubereitung bleibt, wenig Arbeit damit hat. Das Backen macht ja keine Schwierigkeit.

Um in jedem Fall ein gutes Aussehen, eine braune Kruste, zu erzielen, gibt man bei salzigen Aufläufen vor dem Einsetzen gern einen Belag von geriebenen Semmeln, Reibkäse und Butterflöckchen, bei süßen zu den Semmelbröseln Zucker und Butterflöckchen obenauf.

Register

ARTISCHOCKEN

AUBERGINEN

CHICORÉE

FENCHEL

MAIS

PAPRIKA

ZUCCHETTI

KOCHBUCH

In der Taschenbuchreihe KOCHBUCH erscheint als Band mit der Bestellnummer 62 022:

Dr. Isolde Bräckle

KÖSTLICHE KÜCHE IN BAYERN

Bayerische Brennsuppe,
Grießnockerlsuppe,
Bayerischer Weißkrautsalat,
Regensburger Wurstsalat,
Abgebräunte Kalbshaxe,
Gamsschlegel in Sahne,
Schwammerl mit Knödeln,
Allgäuer Kässpätzle,
Bayerische Rohrnudeln,
Augsburger Zwetschgendatschi,
Prinzregententorte,
Ausgezogene Küchel